JN418004

프러포즈

프러포즈

성강숙 시집

月刊文學 출판부

| 시인의 말 |

두근거림

시는 제게 사춘기 첫사랑이었습니다. 소월과 윤동주의 시를 좋아했던 내성적인 소녀였지요. 아마 그때 시가 제 안에 스며들었나 봅니다.

시간이 흘러 주부의 일상에서 다시 만난 시. 나를 찾다 다시 만난 시는 잃어버렸던 소중한 감정들을 떠오르게 하더군요.

시는 나를 토닥이는 치유고 위안이고 나의 고백이고 나를 되돌아보는 도돌이표고 나침반이었습니다.

공들인 시간만큼 소중하다 했던가요. 10여 년 동안 모아두었던 느낌표 같은 시를 정성껏 모았습니다. 열정의 꽃은 시들지 않듯이, 은은하고 따뜻한, 그런 시들지 않는 열정의 꽃을 피우고 싶습니다.

결실을 맺게 해 주신 충남대 명예교수 최원규 시인님, 등단부터 첫 시집 출간까지 함께 해 주셔서 진심으로 감사드

립니다. 그리고 잊지 못할 문우들 고맙습니다.

사랑하는 가족, 시어머님, 남편, 용우, 용석. 가족은 저의 힘입니다.

끝으로 시집 출간을 그 누구보다도 기뻐하셨을 엄마. 몇 년을 잘 견디시더니 한여름 절정에 하늘로 떠나신, 열정 가득했던 엄마. 하늘에서 늘 응원해 주시리라 믿으며 이 첫 시집을 엄마께 바칩니다.

2016년 여름
성강숙 로사리아

차례

시인의말 004

제1부

프러포즈 012
잔치국수 013
얼굴을 알아보았나요 014
다섯 색깔 매니큐어 016
행복으로 가는 길 018
그대의 필체 019
꽃무늬 손수건 020
꿈의 무게를 재다 022
짝눈으로 세상 읽기 024
단추를 채우다 026
걱정에게 027
석쇠구이 028
자석의 성질 030
발가락이 아프다 032
국수를 먹으며 034
구름의 반란 036
붕어빵이 눈을 깜박거리다 038
시간의 상한선 040

간장게장 041
전망대 오르기 042
말〔言〕 044

제2부
창가에 서서 046
시비(詩碑)를 세우며 048
우포늪에 관한 오해 050
사용설명서를 읽다 052
수정하여 드립니다 053
내가 좋아하는 사람 054
꽁보리 비빔밥 056
생일 058
라면 밥 059
횡단보도를 건너다 060
기차에서 062
스마트폰으로 갈아타기 064
문을 열고 066
모네 068
소리길을 가다 070
가마꾼 072
채석강에 해가 기울면 074
첫눈의 맛 075

첫눈 076
겨울은 필요했다 078
아메리카노 079
바탕 色 080

제3부

암각화 082
눈물 083
화장하는 여인 084
처음가는 그 길에 086
그림자 088
화상 090
미나리끈 091
퍼즐조각 092
주파수 094
주파수 2 096
4시와 5시 097
웨딩드레스 098
나침반 100
대청호에 뜬 달 102
신부에게 104
데칼코마니 106
당신의 우물 108

구절초 109
그 섬에 가면 110
할머니, 감을 먹다 112
비밀의 열쇠 114

제4부

사이코드라마 116
물방울 118
와수베가스 119
동백꽃 120
낙서 121
오십 년 122
시인의 남편 124
화수분 125
자녀를 위한 기도 126
명상 128
번개 치다 130
녹두껍질 131
복숭아 꽃물 132
보름달에게 133
손수레 134
통영에 가면 136
둥근 집 138

바다 140
마라도 142
바람재에 가면 143
화초 144
전민동 주보 146
나의 기도 148

| **해설** | 조용히 소리 내어 읽고 싶은 시 · 최원규 151

제1부

날마다 그대의 행복을 찾아
서로 다른 음계를 넣을게요

프러포즈

하나의 숲 속
풀잎에 조용히 내려앉은
첫 이슬을 받아내어
들꽃 향기 가득한 허브차를 그대에게 드릴게요

그대가 흐릴 때
사슴의 눈망울 같은 맑은 '레'를 넣고
그대가 어둠에 앉아 있을 때
푸른 햇살 같은 희망 '솔'을 듬뿍 넣고
그대의 얼굴에 짙은 구름이 드리울 때
웃음의 해독제를 풀어 한 움큼 '라'를 넣고
날마다 그대의 행복을 찾아 서로 다른 음계를 넣을게요

숲 속 향기 가득한
허브차 한 모금에
갈라진 그대 입술이 젖어들고
찡그린 그대 눈에 웃음이 머물도록

날마다
첫 이슬을 받아내어
들꽃 향기 가득한 허브차를 그대에게 드릴게요

잔치국수

이름이 참 이뻐 주문한 잔치국수
좋은 일이 일어나기를 바라면서 국수를 먹습니다

행복한 날은 무얼 삼키기도 좋다지요
잔치국수가 꼭 그렇습니다

생일날 먹는 국수는 명이 길어지라고
결혼식날 먹는 국수는 오래오래 행복하라고

목에 걸리는 일 없게 국수처럼 잘 넘기게
삶이 그러하기를

내 생에 가장 젊은 오늘
고명이 꽃잎처럼 떠 있습니다

나는 오늘, 차림표 안에 있던 행복을 꺼내
오천 원에 행복을 먹고 있습니다

얼굴을 알아보았나요

행운을 찾았나요?

행운을 찾기 위해 풀숲에 앉아
눈이 풀릴 때까지 숨바꼭질을 하고 있어요
머리카락 보일까 꽁꽁 숨어 버렸는지
좀처럼 보이지 않아요
찾았다는 신호가 오네요

행운을 잡았을까요
세 잎은 행복, 네 잎은 행운
무엇을 갖고 싶으세요
빗나간 눈이었을 때는
타인에게만 있는 것 같은데

행운은 그냥 그냥 오는 거예요
원 플러스 원처럼
타인에게 있었다면 나에게도 있었을
덤 같은 네 잎 클로버
시간표처럼 기다리기로 해요

행복은 가장행렬 속에 숨어
찾아내기가 어려워요
저만치 가 버렸을 때
비로소 얼굴을 보여 주기에
늘 점검이 필요하죠

술래의 손으로 찾아야 하는
술래의 땀으로 벗겨야 하는
행복의 가면

행복의 얼굴을 알아보았나요?

다섯 색깔 매니큐어

살짝 일렁이는 바람을 얼굴에 발랐더니
사 - 르 - 르
팔랑개비가 돌아가듯
마음도 함께 돌아가고 있다
다섯 색깔 매니큐어를 손톱에 발랐더니
색색의 기억들이
사계(四季)의 풍경처럼 펼쳐진다

손톱에 매니큐어를 바르는 것은
설렘을 향해 손을 내미는 것
옅은 것에 색을 입히는 것을 슬퍼하지 마라
처음 선은 가늘고 흐린 법이니
시간을 자꾸 덧칠한다고 불평하지 마라
모든 흔적을 층층이 쌓아 가는 과정이니

다섯 색깔 속이 아닌
언저리 어디쯤 있다고 주춤거릴 필요는 없다
조금씩 허물어지고 사라져간다고 믿었던 것들이
숨 쉬는 그늘을 주는 것이기에

오월의 숲으로
하얀 손을 내미니
파스텔 톤으로 손톱이 물든다
경계가 모호해진다는 것은 좋은 일이다
받아들여 함께할 수 있으니

행복으로 가는 길

푸른 하늘을 보고
그 하늘빛에
그대 가슴을 스며들게 한다면
그 속에 누워 풀잎 향기에 취할 수 있다면
나는 알 수 있지
오늘 행복하다는 것을

길가에 핀 꽃들이
흔들리며 나에게 전해 주는 말
일곱 겹의 욕심 중
오늘 하나만 벗겨낼 수 있다면
하늘을 나는 새가 되리라는 것을

한 계절이 가기 전
거울 속에서 나의 미소를 찾을 수 있다면
시간이 江처럼 고요히 흘러가는 것을
웃으며 바라볼 수 있다면
나는 알 수 있지
오늘 행복하다는 것을

그대의 필체

그대 아는가 바람의 필체를
바람이 감싸 안으며 전하려 하는 말을
질투어린 몸짓을
변덕스런 투정을
그대에게 장미 가시 같은 열을 오르게 하는
스타카토 같은 봄바람의 어린 아양을
팔랑거리는 마음을
크레센도 같은 무늬들을

물의 필체로 보내 온 그대의 흘림체
꽃잎 떨어지듯 흩어지는 꼬리의 곡선은
해독하기 어려운 물의 파장을 만들고
표면이 흔들릴 때마다
번지는 소리의 파동
꽃잎은 젖어 가라앉아버리고
이내 사라질까 그물로 건지는
부서짐으로 떨리는 그 빛들

그대 읽히는가
외 사랑으로 쓴 물방울의 필체를

꽃무늬 손수건

무릎 위에 있던 손수건이 흘러내렸다
그 순간 손수건에 있던 꽃들이 우르르 쏟아졌다
주워담을 틈도 없이
그렇게 오월의 장미가 쏟아지게 피어났다

모든 것은 우연에서 시작되는 것이다
내 안에 정원을 가꾸게 되는 것도
듬성듬성 했던 꽃이
어느새 오월의 장미처럼 피어나는 것도

언제부터인가
개망초 뚝새풀 각시비듬
슬며시 인연처럼 다가왔다
친구 되어 함께 가는 것도 좋겠다
견뎌내는 힘을 갖도록
찬바람 서너 자락 있어도 괜찮겠다
더 선명하고 붉어지도록

매일 접어 넣어 가지고 다니는 손수건처럼

늘 가지고 다닐 수 있는 나의 정원에
장미를 위해서 이름 모를 꽃들도 가꾸기로 했다
더 붉고 선명한 꽃으로 피어나기 위하여

꿈의 무게를 재다

당기는 힘의 균형에서 빗나간
여기,
사과가 떨어진다
떨어진
사과의 꿈은 몇 g이었을까?
저울 위에 올려놓는다

영혼의 무게는 21g
내 꿈의 무게는 1g

새끼손톱만큼의 꿈의 무게
그래도 0보다는 크지 않은가
0에서 1이 되기 위해 찍어야 하는 수많은 소수점
그동안 놓아버린 0.01g의 꿈을 찾아
절벽의 시간을 탄다
그 끝에 매달려 있는 꿈의 무게
저울의 눈금처럼 흔들리다 이내 사라질 수 있는
중력을 견뎌야만 잴 수 있는 나의 꿈

오늘,
가닥가닥 엮어 놓은 꿈을
삼각대 꼭짓점 위로 올려놓는다
꿈의 무게가 눈금 사이로 보이고 있다

짝눈으로 세상 읽기

지구가 기울어 있다고
내가 기우뚱 걷는 것은 아니다

내 얼굴이 좌우대칭이라고
똑같은 것은 아니다
차이가 있기에 내가 되는 것이다
같지 않아서 소중한 것처럼

1.5와 0.3의 시력
왼쪽 눈과 오른쪽 눈의 시력 차이만큼
세상을 바라보는 시각도 차이가 난다
짝눈으로 바라보는 세상
수많은 오류 속에서 찾아야 하기에
선명하게, 때론 흐릿하게 바라보아야 하는 세상

신비스러운 새벽 강가의 물안개도
가까이 다가서면 감추며 돌아서는 물방울일 뿐
부레처럼 떠오르다 다시 잠기는 사이
주사위를 던져 본다

1부터 6까지의 숫자들
수수께끼처럼 마주칠 수 없는 차이

차이가 난다고
내가 기우뚱 걷는 것은 아니다

단추를 채우다

둥그런 단추는 지구 같다
내가 먹고 있는 알약도 둥글둥글한 지구 같다
모나지 않아서
쉽게 채울 수도 풀 수도 먹을 수도 있는
둥그런 지구 같은 것들

원심력을 버티지 못해 벗어나
커져 버린 단추 구멍
채울수록 넓어져 가는 구멍 속을 바라보다
첫 기억의 끈을 바늘귀에 끼어 넣는다
대기권 밖으로 떠다니는 기억을 주워담고
늘어난 단추 구멍을 촘촘히 박는다

둥글어 간다는 것은
원 안으로 넣어 달라는 정갈한 의식
둥근 세상에 대해 단추처럼 생각해 본다
빙빙 돌고 있는 지구를 향해
같은 동심원으로 걸어 가야 하는 세상
고개 들고 단추를 채운다

걱정에게

너는 젖어 있는 스펀지처럼
새벽에 울리는 전화벨처럼
가슴에 일렁이는 물수제비처럼
전염성 강한 감기처럼
불편한 손님처럼
빠지지 않는 옆구리 살처럼
이렇게 오는구나

하지만 고맙다 말을 해야겠다

너로 인해서
나는 색색의 계획을 세우고
똑 - 똑 문 두드리고
걱정을 훈장처럼 닦으며
새끼손톱만큼씩 단단해져 가고
엄지손톱만큼씩 철들어 가고
살아 있음을 듬뿍 느끼니

참으로 고맙다 말을 해야겠다

석쇠구이

노을빛에 익어 가고 있는 저녁을
석쇠 위에 올려놓았다
펄떡이던 아침이
소금에 절여진 자반이 되어 누워
한 꺼풀씩 절여지고 있는 몸통
이제 간을 본다

매 시간마다
소금이 몸 속에서 배출되어
땀으로 절여지고 있는 몸
달구어진 석쇠에 굽는다
꼼꼼히 지문을 찍어내듯
노릇노릇 하루를 구워
젓가락으로 가려내고 있다

석쇠구이 Tip
참숯으로
반성은 타지 않게
진심은 살아 있도록

살 - 살
선택의 시간을 놓치지 않게
거짓의 비린내를 제거하고
나만의 비법을 재워 가며

자석의 성질

처음에는 분명 그랬다
하나는 반대였고 다른 하나는 반대의 반대였기에 끌어당겼다
잡아당길 수 있는 것은 세상의 반,
그 세상의 반에서 하나만 당겨진 것은
또렷한 농도 차이 때문이었다

짙음 더하기 옅음
시간은 흐를수록 자석의 성질을 약하게 하고
서로 같아지게 만들고 있었다
자석 끝에 혀를 대자
비릿함과 함께 출렁이던 바다가 밀려들어왔다

바다 속 세상
바다를 알려고 한다는 것이 얼마나 오만한 것인지
늘 예측할 수 없는 일들이 벌어지고 있었다
계획은 무의미했지만 그래도 바다에 배를 띄웠다
生이 그러함으로

시간은

N극과 N극을
S극과 S극을
더 이상 밀어내지 않아도 좋다고 했다
다른 것도 좋고, 같은 것도 좋은

바다,
그 출렁임에 배를 띄운다
꼭 계획되지 않아도 좋고, 오래 전 준비된 출항이어도 괜찮은

발가락이 아프다

발가락에 피가 맺혀 있다
옹이 진 발가락의 울렁증
낡아서 편했던 샌들이 그립다
예뻐야 한다는 것은 잊은 채 편안함으로 신었었는데
모든 것에는 다 유통기한처럼 이별이 있었다니

새로 산 샌들
예뻐서 아프고 낯설어서 더 아픈,
좋아한다와 아프다는 것이 비례했다니
좋아할수록 아픔이 증가하는 그래프

이별의 과정이란
어린아이가 젖을 떼는 것과 같겠지
까끌까끌한 내 안이 단단한 눈물이 되기까지는
아픔으로 남아 있는 것
상처를 내주어야만 온전한 내 것이 되는 것
이별을 준비 할 수 있는 목록을 만들어 본다
옹이진 상처가 기억상실증처럼 떨어질 때
이별은 면역력을 갖는 법

떠나보내고 다시 만나기 위해
비례와 반비례를 포함하는 그 미련이라는 포물선 위에
한 점,
X와 Y의 좌표를 구해 본다
미련의 각도 120°
이제 내 이별의 그래프를 새로 그린다

국수를 먹으며

시간이 만든 주름처럼 외로움이 길어질 때
국수를 먹는다

젓가락에 돌돌 말아 후 - 루 - 룩
훌훌 삼키면 그만인 것을
면이 길면 면발을 끊어도 되는 것을

열병처럼 열꽃을 피웠던 여름이 가고
겨울 생각에 잠긴 스웨터를 찾아 입을 때쯤
헐거워진 달력의 낱장을 보며
멈칫,
달력 안으로 걸어 들어가 본다
회전문은 늘 내 안에서 돌고 있는데
나와야 할지, 돌아야 할지
갸우뚱거리며 찾던 출입구

빙빙 감긴 국수 가락을 휘젓는다
달달한 멸치 국물에
술술 풀어지는 국숫발처럼

술술 외로움도 넘길 수 있을 터

출입구에 기대어 꼬리가 반쯤 걸려 있는 나는
꼬리를 자르듯 후루룩 후루룩 국수를 먹고 있다

구름의 반란

구름이 회의 중이다
불순한 안건이 있는지 문 밖으로 나오질 않는다

구름의 일이란,
조금씩 쌓여져 단단히 부풀어진 검은 응어리를
우수수 쏟아내는 것인데
누군가 구름을 막고 있다
분열이 구름에게도 왔다

출구를 찾지 못한 구름
무엇이 구름의 역할을 방해하고 있는 걸까
저수지는 계속 말라 가는데
가운데로 가운데로만 몰리는
그 중심에서
바깥은 온통 사막이다

하늘까지 가 닿으려면
얼마나 깊고 긴 소리를 내야 하나
모두의 눈물 한 방울씩 보태면 구름이 나올까

건기에 살아남기 위해
선인장 가시를 더 키워야 하리
낙타의 깊고 맑은 그 눈망울은 잊지 않기로 하고

구름의 역할을 당연하다고 여겼었나
원래부터 당연한 것이 어디 있었던가
나의 피부가 기억하는 그 습기를 얻기 위해
아, 큰상 차려 놓고 기우제를 지내야 하리

붕어빵이 눈을 깜박거리다

봄비가 꽃처럼 내리는 오후
길모퉁이 간이천막에서 피어오르는 빵 굽는 냄새
손이 혀인 부부가
각기 다른 모양의 빵을 굽고 있었어
붕어빵 국화빵 호두빵
양은 주전자에서는 매끄러운 반죽이 흘러나왔지

부부가 되어
함께 빵을 굽게 되기까지
서로의 어깨가 되어
미끄러지듯 흘러나오는 반죽이 되기까지
천막 안, 붉은 태양이 되기까지

손금의 깊은 골 마디에
이글거림이 담겨질 때마다
이스트 속에 꿈을 넣으면서
단팥에 땀과 눈물을 넣으면서
달콤해지도록,
달콤함은 때론 눈물을 통해 얻어지는 것이잖아

봄꽃처럼
빵들이 천막 안에 부풀어 올랐어
말보다 눈이 더 달콤한
붕어빵이 자꾸 눈을 깜박거렸지

시간의 상한선

빛나던 청춘처럼
보기만 해도 흐뭇했던
윤기 흐르던 냉장고

이도 저도 아닌 온도로
계속 신호를 보내고 있었는데
심장의 스위치가 꺼지고서야 알았다
많이 아파했었다는 것을

십여 년을 그 자리에서
늘 상쾌함과 시원함을 선사했기에
흘려보낸 그 많은 소리들이
질문되어 내게 오던 날 알았다
그의 부재가 초래하는 결과를

깜박이는 신호에 대해
먹먹한 이별 소리에 대해
굵은 시간이 다 닳아 멈추기 전
귀 기울여야 할 모든 소리를
시간이 다하기 전 사랑해야 한다는 것을

간장게장

너는 살겠다고
나는 먹겠다고
서로 몸부림치다
펄펄 살아 있는 꽃게에 간장을 부었다

바닷물인줄 알았다가
끓인 간장물에 담겨졌을 때
너는 알았을 것이다
자신을 지켜낸다는 것이
얼마나 어려운 일인지를

먹이사슬처럼 엮여 있는
이 세상에서
세상 안에서 산다는 것은
마지막 순간까지 몸부림치며
나를 지켜내는 일이다

희생과 풍요가
톱니바퀴처럼 맞물려 가는
이 세상 안에서
언제 멈출지 모른다 해도

전망대 오르기

오른다는 것은 희망입니다

기울기에 따라
출렁이는 숨소리
전망대 꼭대기에서
아름다운 풍경에 홀려
그만 뒤로 넘어졌습니다

그렇게 마주한 하늘 냄새
어느덧 오십이 넘고 있습니다

꽃은 꽃대로
나무는 나무대로
휘몰아치는 소용돌이 속에서도
그 자리에 집을 짓고
그 곳에서 빛을 내고

넘어지고 나서야
알게 되는 것들이 있습니다

왜, 의자는 그 곳에 있었는지
왜, 돌부리는 튀어나와 있었는지
왜, 길들은 좁게 이어졌는지
저마다 어떤 이유를 갖고 있었는지
그래서 어떤 것은 참 아팠다는 걸

아! 내려가는 것 또한 희망이면 좋겠습니다

말〔言〕

아이스크림 같은 말

사랑할 땐 달콤하고
미워할 땐 끈적이는

말이 녹아 흘러
상처라는 자국을 만든다는 것을
자국은 물집처럼
툭 - 툭 불거져 나온다는 것을
그 자국이 흉터가 된다는 것을

아이스크림을 꾸-욱 삼키며 알았다

제2부

내가 손을 내밀 때만
밝아오는 세상

창가에 서서

1
잔뜩 성에가 끼어
아무것도 보이지 않는 유리창
따스한 손으로 가만 눌러 본다

차가움이 가슴까지 전해져
손을 떼니
꼭, 고만큼만 세상이 열려 왔다

맨 처음 손을 댈 때의
망설임

행여 긁힐까 상처 날까 두려워
반걸음 뒤에 서서 바라보던 창

내가 손을 내밀 때만 밝아오는 세상

2
손가락이

날 선 종이에 베였다
방울방울 맺힌 피
입술에 갖다 대니
붉은 바다 맛이 난다

가슴이
날 선 칼에 베였다
상처는 없는데 가슴 한 구석
텃밭이 있었나 보다
슬픔이 솟아나 자라고 있는 걸 보니

심장이
날 선 혀에 베였다
얼음 조각이 된 심장
부서지기 전에
포근한 입김으로 보듬어 안는다

단비를 기다리는 어느 날 정오

시비(詩碑)를 세우며

보문산 사정공원 느티나무 앞
최원규 교수님 시비 세우던 날

팔십 평생 사연 담은 비가
땅을 적시고 나무들이 세례를 받은 후
정갈해진 오후

터를 닦고 흙을 고르고
잘 치대고 다진 후 세운 아랫단
그리고 詩碑

일체의 흔들림 없이 고정시키기 위해
수평을 맞추는 일이 이토록 어려웠다니
쓰러지기는 쉬워도
균형을 맞춰 일어선다는 것은
얼마나 어려운 일인가

돌아와 다시 일어나기 위한 시간은
더 단단해지기 위한 시간이었을 터

균형 맞춰 흔들리지 않게 새겨야 할
내 마음 속 詩碑
한 글자씩 새겨 평생을 간직할 글자들

우포늪에 관한 오해

지독한 욕심쟁이라 생각했다
블랙홀처럼 빨아들여 가진 것 절대 놓치지 않고
모든 것 갖기만 한다고

물과 땅의 허방에서
가시연꽃을, 새들을, 수생식물들을,
잘 키워 낸 어머니 자궁 같은 늪
우포늪*에 와서 알았다
가졌던 것이 아니라 간직하고 있었던 것임을

억년이 넘는 시간을 깊게 발효시켜
한 켜 한 켜 쌓인 눈물을 늪 속에 담그며
삼켰던 숨막히는 시간들
진득진득한 상처를 감싸며

썩지 않기 위하여
살아내기 위하여
키워내기 위하여
지켜내기 위하여

참, 고 단 했 겠 다

더러 보이지 않을 때도 있는 것이다

가려졌다고 멈추었던 것은 아니다

단지 드러내지 않고

고개 들 때를 기다리고 있었을 뿐

* 우포늪: 우리나라에서 가장 큰 자연내륙습지로 경상남도 창녕군에 있다. 1998년 국제 람사르 협약에 등록되었고, 2011년 천연보호 구역으로 지정되어 보호되고 있다.

사용설명서를 읽다

당신에게 가기 위해 읽어야 할
각 부분의 이름
긴 페이지의 설명서를 한 글자씩 정독하네
제품의 특성을 안다고 생각하였을 때
서로의 설명서를 교환하며 건너야 하는
그대와 나의 섬

다가서기 위해 손때를 묻혀야 하는
긴 설명서
시간이 이어주는 다리 밑으로
물결이 일렁이네
다리 앞에 있는 안전상의 경고 표시
오독한 부분을 살펴야 하네
다 아는 듯해서 무심했던 메뉴얼

해마다 별책부록을 넣기로 했네
고장의 원인을 피할 것
분석, 수리, 개조하려 하지 말 것
천 개의 눈으로 서로의 주름을 다려 줄 것
온기 있는 손으로 서로의 심장을 두드릴 것!

수정하여 드립니다

슬픔을 다려 드려요
강력 분사 방식으로

타인의 언어들이
끈끈이처럼 붙어 있어 찜찜한가요
너무 불어터져 쭈글거린다고요
그래도 쫙 펴 드릴게요

시간이 눈덩이처럼 쌓여
공처럼 부풀어도 괜찮아요
수정다리미를 대는 순간
싹 - 녹거든요

세상이 달라졌어요
주름도 펴 주고
얼굴도 갸름하게 해 주고

시간은 거꾸로도 흐르거든요
슬픔도 수정 가능해요

내가 좋아하는 사람

내가 좋아하는 사람은
호수 같은 미소를 지닌 사람이다
바스락거리는 낙엽 같은 말도
호수에 담아 철썩이게 하지 않는 사람이다

내가 좋아하는 사람은
보슬비처럼 눈물 흘릴 줄 아는 사람이다
젖은 눈으로
그늘을 볼 수 있는 사람이다

내가 좋아하는 사람은
결핍을 축복의 꽃으로 피워 내는 사람이다
그 꽃잎을 떼어
함께 나눌 수 있는 사람이다

내가 좋아하는 사람은
도돌이표처럼 나를 돌아볼 줄 아는 사람이다
나이 들었다고
마냥 고집 피우지 않는 사람이다

내가 좋아하는 사람처럼
나도 그 향기에 전염되어
꽃으로 꽃으로 피어나는
어느 봄날의 화사한 꽃이었으면 좋겠다

꽁보리 비빔밥

풋풋한 상추와 나물 몇 가지
고명 얹어 고추장 넣고 비빈다
보글거리는 된장 뚝배기 소리 들으며
한여름 입맛 돋우게 참기름 서너 방울 친다

한 올 한 올 풀어지는 보리밥
입 안에서 서걱거리며 각자 돌아다닐 것 같은데
나물하고 비비는 순간 입에 착 감긴다

섞여 가며 내는 맛
숟가락 위, 살짝 나물이 엉겨 오미자차 같은 맛을 낸다
누군가는 말하겠지
본래의 맛이 없어졌다고
하지만 섞여지지 않는 것이 어디 있겠는가

한 올부터 시작하여야만 옷이 되고
색을 입혀 완성되듯
섞이면서 비로소 완전해지는 것
또다른 새로운 맛을 낼 때까지

비벼야 맛이 나는 것이 있다
내가 사라져야 비로소 내가 되어 가는 것

비어 있던 그릇에 하나 둘 담았다가
다시 비워지기 시작하는 그릇
붉은 태양으로 감칠맛 나게 비벼
참기름 같은 웃음 넣어 맛있게 먹는다

비우면서 채우고 채우면서 다시 비우는
그릇처럼
무엇을 담기 위해서 늘 비워 놓을 줄 아는
그릇처럼
나는 그릇이 되어
아주 달게 그릇 속에 담긴 비빔밥을 먹는다

생일

364일은
목젖 보이게
웃겠습니다

오늘 하루만
첫, 울음 울던 그날처럼
울겠습니다

라면 밥

인스턴스식 이별은
목구멍에 걸린 퉁 - 퉁 불은 라면 밥 같다

불어터진 밥알이 만든 삭제 버튼
엉킨 감정의 모니터를 재부팅 하면
어느새 뜨는 새 문서
초간편 이별시대

온돌식 사랑이 그리운 날
장작불에 꾹 - 꾹 써내려 가는

ㅅ ㅏ ㄹ ㅏ ㅇ

횡단보도를 건너다

적색 신호가 떴다 그래 잠시 멈춰야 한다
건기의 도시 한가운데 서서
숨겨두었던 지느러미를 꺼낸다
물기를 잃어 갈라지기 시작한 지느러미
조금씩 시들어 가는 수동태적 몸무림을 벗으려
풍덩, 바다 속으로 들어간다

금을 밟지 않고 멈추기는 얼마나 어려운 일인가

황색신호
갈까, 말까
순간의 유혹은 늘 달콤하여 치명적인 것

깜박, 파란 신호다
빗금으로 그어진 횡단보도
그 빗금 속으로 떠 있는 낮달
제 위치를 찾지 못한 낮달을 머리에 이고
제한 시간 안에 횡단보도를 건너야 한다
빗금으로 한 칸씩 빈칸을 메우고

칸 밖으로 삐져나온 선들을 지우개로 지우며
다시 지느러미를 숨기고 회색의 도시를 종종 걷는다

제한시간 안에 건넌다는 것은 또 얼마나 어려운 일인가

기차에서

무심결에 역방향 좌석에 앉았다
반대로 달린다는 것이 내게 던지는
낯선 화두

내려놓고 싶은 시간은
슬그머니 역에 떨어뜨려 놓고
놓쳤던 시간은 서둘러 태워
옆자리 애인처럼 앉히고 싶다

거꾸로 앉는다는 것이
내게 일으키는 멀미
뒤돌아본다는 것은
울렁이는 멀미 같은 것

기차처럼 시간이
역방향으로 흐른다면
나는 오늘 무척 분주하리라
되새김한 재료들을
더 닦고, 더 감상하고, 더 담아야 하기에

시간의 무게를 고스란히 견디어 온 선로
어떤 방향으로도 앉을 수 있는 기차
순방향으로만
삶이 여물어 가는 것은 아닌가 보다

스마트폰으로 갈아타기

카카오톡이 없는 017

문명의 충돌은
돌고 있는 궤도를 이탈해서
긴 꼬리로 시선을 유혹하는데
그 안을 구경꾼처럼 보고 있는
교집합의 빗금 친 곳에
아날로그처럼 느리게 가고 있는 내가 있다

한 계절이 아름다운 이별이라 하며
어제의 계절을 밀어내듯
화려했던 문명이
오늘 내딛은 발자국에 서서히 밀려가고 있다
묵언 수행처럼
입으로 들어가 가부좌 틀고 있는
터치로 외로운 사람들을 길들이고 있는 스마트폰
눈동자가 흔들릴 때마다 터치의 속도는 빨라져 간다
액정 화면 속으로 빨아들이며
사람들을 길들이고 있는 저 문명

화면의 크기를 늘리고 줄일 때마다
나를 접어 보관함 속에 넣기만 하다
휴면터치로 가기 위해
빗금의 양을 조절하기로 했다
양팔저울의 오늘과 내일 사이에서
중심점을 찾기로

오늘의 기울기는 017

문을 열고

철 지난 옷들을 꺼내놓자
방 안 가득 버려지기 싫은 옷들이 숨는다
서랍 속을 쏟아놓자
꼭 다시 쓸 것 같은 것들이 또 숨는다

쉽게 버릴 수 없는
쉽게 비울 수 없는

방 안 가득 줄지어 있는 것들
겹겹이 부딪치면서 생기는 구김들
안으로 안으로 삼키는 구김

마른 풀꽃 같은 흔적이
한 덩이로 멈추어 버린 시간 속에
일기장처럼 자리를 차지하고 있다

계절이 바뀌고
지나간 것들을 차례로 꺼내 놓으며
구김이 깊은 것부터

날마다 새로워지기 위해 버리기로 했다
소통은 내가 갖고 있던 모든 것에 필요했다

이제 떠나보내는 것들을 향해
손을 흔든다
나이 들수록 버릴 것은 점점 더 많아져 간다

모네

조그만 그림 한 점 사서
벽에 걸었을 뿐인데
양귀비 붉은 꽃 만발하고
빨간 지붕 보이는 풍경에
온통 마음을 빼앗겨

나는 어느새
그림 속 여인이 되어
산들거리는 들길을 걷는다
하늘은 더없이 푸르고 평화로운 그곳

하루가 그저 화살처럼
빈 도화지에
아무 색도 칠하지 못하고
지나가 버리고
가슴 속 일렁이는 소요로
덜컥이며 마음 시끄러운 날

그림 속으로 들어가

얼룩진 마음 흰 구름에 씻고
붉은 사랑의 향기 맡으며
들길을 걷는다

소리길을 가다

내 안으로 스미는 향기 찾아
그 향기로 몸을 닦으며
해인사 가는 길
물소리 새소리 바람소리
마음소리까지 안고 가는 곳

세상의 소리를 버리기 위해
소리길*로 들어 온 최치원은
원(圓), 바깥을 알기 위해
원(圓), 안을 걸으며
반가사유상의 미소 속으로 들어갔으리라

물은 아래로 아래로 흘러가라 하고
나는 자꾸 거슬러 올라가려 하는데……
그 정점 어딘가에 있을
향기로운 길
내 안의 소리길

수많은 갈래길에서

이내 사라지는 향기를 찾아가는 길이
어디 쉬운 일이겠는가

계곡을 따라
염원을 담은 수많은 돌들이 소리가 되어
물방울과 빚어내는 화음 소리
한울의 소리를 들으며
소리길을 따라 걷는다

* 소리길:가야산 국립공원에서 해인사 가는 길에 있다. 불교에서 '소리'는 이로운 것을 깨닫는다는 뜻으로 극락으로 가는 길이라고도 함.

가마꾼

1441 계단을 지나야 하는 곳
하늘 연못
백두산 天池*

혼자 가기도 힘든 그 길을
가마에 사람을 태우고
가고 있는 가마꾼

무거운 가마에는
무거운 발걸음만큼의
生의 무게가 걸려 있다

한 개의 계단을 디딜 때마다
한 개의 원죄를 씻어내며
얼룩진 영혼의 무게를 덜어내고 있다

천 개의 계단을 지나
청아한 바람이 불어오면
하늘 향한 천지에 묻는다

다음 生은 찬란하겠느냐고
천지의 대답을 듣기 위해
오늘도 계단을 오르는 가마꾼

천지의 물결은 속으로만 흐르고 있다

* 중국 서파쪽으로 백두산 가는 길.

채석강에 해가 기울면

파도의 긴 손가락으로
빚어 놓은 것일까
파도의 끓는 심장이
솟구치다 굳은 것일까

격포에 가면 볼 수 있는
파도가 만든 조각들
사랑이 지나간 자리에
숭숭 뚫어놓은 해식동굴

드러낼 때와 감싸줄 때를 알고 있는
채석강에 해가 기울고 있다

정점에서의 태양이 자리를 내어주고
수채화 같은 노을이 민낯을 보여 주면

어디쯤 슬픔이었을 주름과
어디쯤 웃음이었을 눈빛을
긴 호흡으로 되감아 본다
그리 가볍지도, 그리 무겁지만도 않은

첫 눈의 맛

혀를 내민다

레몬 같은

첫눈 한 방울

혀끝에 맴도는

샘……

덕수궁

세 번째 돌담

오래 전 새겨 놓은

당신의 눈

첫눈

첫눈이 오고
나는 눈꽃을 문자로 배달한다
꽃 배달로 몇 사람은 기쁘고
몇은 풀어지는 기억을 애써 잡을 것이고
몇은 약속 장소로 향할 것이다

눈꽃이 핀 거리
강아지들은 꽃들과 뛰놀고
나도 꼬리를 내밀고
꽃들을 뭉치고
녹지 않는 눈사람을 만들기 위해
돌 돌 굴린다

영원히 물결치는 것들이 있다
'첫' 이라는 단어가 주는 것들
수많은 알갱이로 엮어 만든 꽃들
꼭 꼭 숨었다가
첫눈과 함께 피어나는 것들

첫눈이 그치고
어떤 이는 하얗게 덮인 이글루에 꽃들을 저장할 것이고
어떤 이는 갯벌 같은 기억을 삭제하고 있을 것이다

겨울은 필요했다

의자에 누워 하늘 향해 있는 나무를 본다
나무들은 알까

나무가 왜 그토록 하늘 향해 나아가고 있는지
한 뼘이라도 더 자라기 위해 애쓰고 있는지

너무 많은 열매들이 가지마다 매달려
아득한 먼 곳의 별처럼 빛나고

또 한 살의 나이가 더해지고
따스히 빛나던 별과 차갑게 사라진 별들을 생각해 본다

겨울 한가운데 서면 알게 되는 것들이 있다
이파리들이 떨어진 후에야 볼 수 있는 내 자신

나는, 겨울을 싫어했지만
내게, 겨울은 필요했다

아메리카노

하얀 찻잔에
아메리카노를 붓는다
찰랑대는 심장
나는 찻잔 안 풍경 속으로
빠져들어 간다

한 방울 뚜 - 욱
열이 날 땐 아포카토로
우울할 땐 핫초코로
사랑할 땐 라테로
이별할 땐 에스프레스로

고른과 달콤 두 스푼 넣어 섞는다
달달하게 혹은 쓰게
구름 속을 산책하듯
108가지 맛이
찻잔 속에 우러나고
나는 이제 커피를 즐기기로 한다

찻잔에 배 한 척 떠 있다

바탕 色

나이 든다는 것은
내가 흰색에 가까워지고 있다는 것이다

청춘은 고열의 붉은색
중년은 미열의 주홍색
노년은 비어 있는 흰색

色이 조금씩 옅어져 가는 것은
열정이 없어지는 것이 아니라
열정의 몫을 나누고 있다는 것이다

가락에 맞추어 흥겨운 춤을 추도록
여러 色들이 빛나도록
바탕색이 되어 무대를 만들어 주는 일

나이 든다는 것은
나를 기꺼이 바탕색으로 내어주는 일이다

제3부

숙성의 시간이
무늬를 새기고 있다

암각화

시린 바람에는 숨겨 놓은 칼이 있다
주름지고 패인 나무껍질
바람은 그리 심각하게 생각하지 않는다
단지 바람의 역할에 충실할 뿐

바위처럼 단단해지기 위해 새기는
옅거나 혹은 짙은 조각
지상에서 나무가 바람에 맞서는 동안
땅속에서는 한 뼘의 뿌리를 더 내리고

저마다, 서걱거리는 바람을
묶을 수 있는 방법을 터득하는 중이다
비틀렸다 풀어진 나무껍질 틈으로
흐르던 상처가 녹아내린다

과거의 그림자를 밟고 내딛는 발자국
숙성의 시간들이 무늬를 새기고 있다

눈물

눈물로 슬픔을 절인다
상처는 덧나지 않게 절이고

눈물의 농도는
흐를수록 옅어질 테니

눈물이 희석되면
선명하게 볼 수 있을 테니

그 눈물 때문에
썩지 않고 살 수 있을 테니

화장하는 여인

봉숭아색 입술을 바르고
톡 톡 분첩을 두드리는 여인

탄성 잃은 고무줄처럼
시간이 길게 늘어만 가는
지루한 병실에서

오월 초록 이파리 같은
한 토막 시간은
거품처럼 사라지고

마른 낙엽이 되어 가며
벌레 먹은 기억을 찾으려는
슬픈 역사의 시간 속에

아직도 하고픈 일이 많아
다가오는 신의 손길을
마냥 밀어만 내고 있는

한여름 백일홍 같은
여든넷 우리 엄마

야속한 바람은 자꾸만 자꾸만
꽃잎을 흔들어대고 있다

처음 가는 그 길에

처음 가는
낯선 하얀 길

처음 가는 길이라고
무서워하지 마세요

한 걸음 옮길 때마다
천상의 등이 켜지고
천상의 소리 들릴 테니

이승에서의 짐들은 놓고
공기처럼 가벼워진 몸으로
이제 새처럼 자유롭게 다니세요

먼저 가 계신 아버지가
미리 나와 엄마 기다리고 있을 테니

아버지 만나서
최선을 다해 살았다 말하세요

망각의 강을 건너도
그래도 사랑하는 사람들은 잊지 마세요

다시 만날 때 서로 알아봐야 하니까요
열심히 멋지게 살께요

하늘에서 꼭 지켜봐 주세요

그림자

하루가 천 년 같았겠지
날개를 펼치지도 않은 채
짙은 어둠 속에 갇힌 이유는…

왜, 하얀 꽃은 떨어져야만 했을까

천 년이 하루 같이 아까운 이들은
시간의 끈을 꼭 붙잡고
멈추려 노래하며 동여매고 있는데…

왜, 갈까마귀는 중간 어디쯤에 앉아 울고 있었을까

세상 밖에서 안으로
그물을 던져 삶을 길어 올릴 때
드러나는 두려움의 허연 속살

한 겹 한 겹 햇볕에 그을리고
배어 있는 자국이 아물 때쯤
우리는 알 수 있을까

그 자국이라는 것이
누구나 등 뒤에 붙어
함께 다니고 있다는 것을

이내 나타났다 사라지는
그림자 같은 것임을

화상

청춘의 온도를 3도 화상이라 하면
아픈 청춘을 바라보는
중년의 온도는 몇 도나 될까

본래 열기는 어느 중간쯤 있어야 하는데
모두 지금 온도가 처음인지라 당황스럽기만 하다

청춘은 청춘대로
중년은 중년대로
노년은 노년대로

아이들 웃음이 무지개처럼 빛나던 시절은
산 넘어 가고
상처투성이 세상에서 어른이 되어 가며 입은
화상 자국이 벌겋기만 한데

반환점을 지난 지금
세상에 물들어가다 바라보는 내 온도계
나는 몇 도의 화상을 입고 있는가

미나리끈

문 열고
향 피우고
色들을 제자리에 앉히고
술을 올리고

곱게 접혀 있는 까만 김
음식 흘리지 않게
묶어 가시라
김 옆에 놓은 미나리

차려 놓은 음식 드시고
가져가야 할 것이 음식뿐이겠는가
저마다 빌고 있는 후손들의 소원이
음식 가짓수 보다 많을텐데……

까만 김 위에
색색의 소원을 올려놓고
저 세상에서 풀어 주시라 놓은
간절한 끈

퍼즐 조각

퍼즐 조각을 떼어내
하나는 주어로 하나는 동사로
꼬리를 달고 있는 대답이
종이배처럼 방향을 잃고
실수가 양념 같은 영어회화 시간

젊음의 빛이 부러웠던 나는
장신구의 빛으로
반짝이는 옷으로
화장품의 분으로
사라져 가는 빛을 잡으려 했다
그러다 들어간 강의실
영원히 살 것처럼 공부하는 사람들*

어느 곳이나
사람들은 넘쳐나고
그 속에서
자신의 퍼즐을 완성하고 있는 사람들
중년의 빛은 안으로 스며들어

눈부시지 않다는 것을
조금씩 들여다보게 되는 날

완성되어 가고 있는 퍼즐조각이 은은하다

* 영원히 살 것처럼 공부하라 : 간디의 말 인용.

주파수

펭귄이었거나
기러기이었거나
청실홍실이었거나
예정된 운명이거나

더듬이도 없이
수많은 인구 중에
두 사람이 만날 확률은
복권 당첨보다 어려운 일

'낯이 익다'

등나무처럼 휘어졌던
전생의 봉인이 풀리고
서로의 눈에 파동이 감지되는 순간
지-지-직 거리던 전파를 뚫고
주파수가 일치한다

펭귄처럼

기러기처럼
청실홍실 매듭 지어
고정불변 주파수로

신랑 신부 발걸음이 경쾌하다

주파수 2

연어처럼 거슬러 올라가
돌처럼 휘어진 기억을 찾는다
당신이 보내는 초음파

퇴화된 기억을 꺼내기 위해
주파수를 25khz로 맞춘다

'기억의 자국들'

아득한 먼 곳에서부터
당신의 음파를 찾아온 나는
수면(水綿) 밑 기억을 꺼내기 위해
주파수를 조율하고 있다

4시와 5시

무언가 시작하기 망설여지는 시간
약간의 허기 노곤함 흩어지는 집중력
어쩌면 남는 시간이라서
조금은 지울 수 있는 희미한 시간

내가 불쑥 저만큼 가 있는 시간
어떤 공간 속에 들어가 나오기 싫은
아니 꼭 나오지 않아도 되는
퇴화하기 딱 좋은 시간

촛불을 켜고 가장 귀한 그릇에
제일 좋아하는 음식을 담고
저녁 성찬에 마주 앉기 위해
각진 모서리를 깎아야 하는 시간

거꾸로는 가지 않는 시간의 레일 위에서
떠나가는 것들에 대해서 "안녕"
가볍게 양손을 흔들고
새로운 속도에 발맞추어야 하는 시간

웨딩드레스

웨딩드레스의 또다른 얼굴은
소복이라는데
죽었다 생각하고 간섭하지
말라는 뜻이라는데

자유를 상상한 신부는 웃고
떠나보낸 부모는 운다고 하지

빛나는 웨딩드레스의 긴 자락은
품고 가야 할 많은 일을 의미한다지
현실의 네모난 방에 들어서면
신부는 방을 닦으면서 운다고 하지

더듬이를 가진 여자가 되어
먼지처럼 끼어 있는 아픔을
스스로 닦아야 함을
함께 닦아 줄 사람은 있어도
대신 닦아 줄 사람은 없음을

푸른 하늘만 있는 줄 알던 세상에는
푸른 독도 갖고 있다지
중독성을 갖고 있는
울고, 웃는 고리를 가진
푸른 독

나침반

수수께끼 같아
참 모를 때가 있다

기차는 레일 위로
차들은 도로 위로
비행기는 하늘 항로로
레일도 도로도 항로도 없는 수수께끼

나침반의 바늘도 감지 못하는 자기장
미소 속의 혀
풍선 같은 말
터지고 나서야 확 정신이 드는

그럼에도 불구하고
지금부터 다시 시작이다
내 혀도
내 나침반의 바늘도 정비하고
새로운 무기장착 신형 탐지기
슈퍼컴퓨터 작동 중

수수께끼 같은 숨은 이유 찾아
평생 배우면서 살아갈 일이다

대청호에 뜬 달

호수와 달 이야기 듣고 싶어
밤 대청호에 가면
자분자분 가만가만
세상 이야기 멈춰지고

이렇게 조용할 수 있을까

말간 얼굴을 한 달과
소 눈망울 같은 호수가
풍경으로
주고받는 대화

순해지라는 것일까

눈썹꼬리 짙게 올리고
미간에 주름 세우고
각진 목소리로
수위 높이는 세상에서

말간 달처럼
순한 호수처럼

대청호가 들려 주는 순한 이야기

신부(新婦)에게

처음 손을 잡았을 때
서로 맞잡은 손의 온기를
따뜻한 피와 두근거리던 심장과
부드러운 살의 감촉을
언제나 기억하렴

혼자 할 수 없을 것 같은 것도
둘이면 할 수 있을 테니
혼자보다는 둘이 더 현명할 테니
더 이상 외롭지 않을 테니
나를 사랑하듯이 사랑하렴

때로 손을 놓고 싶을 때면
사랑이 시작된 그 순간을 기억하렴
때로 서로에게 불공평하다 느낄 때면
지금은 이해가 필요할 때라 생각하렴

짜증까지 사랑할 수는 없겠지만
짜증을 살짝 돌려 놓는

여우꼬리 두 개쯤 길러 보렴
의견이 충돌되었을 때
보편적 선을 지키면 된다 생각하렴
때로는 곰처럼 심지 굳게 버텨내렴

태양의 열정과
달의 온화함과
그늘의 시원함과
비의 깨끗함을
가정이라는 꽃병 속에 담고 향기로운 꽃들로 키우렴

세상에 퍼져 있는 독으로부터 가정을 지키고
그리하여 동화의 마지막 글 속의 행복한 신부가 되렴

데칼코마니

허기진 눈으로
유리문에 기대어 선, 안과 밖
문이 열리지 않는다고…
서로의 소리가 들리지 않는다고…
읽을 수 없는 마음을
바라만 보는 날

한여름의 가장 깊은 곳에서
어떤 이는 우물이 다 말라 가고 있다고…
어떤 이는 우물이 그렁그렁 울어 넘친다고…
그렇게 이내 사라지는 것들에 대하여
마음 타들어 가는 날

나를 데칼코마니 한다

무수히 찍어 온 발자국마다
담겨 있던 기억들이
우르르 쏟아진다
진흙처럼 질척이는 발자국 안

산다는 것은
먼지로 엉클어진 굳은살을
반복해서 도려내는 일일 것이다
연한 새살이 다시 돋아날 수 있도록

당신의 우물

당신의 우물이 넘치고 있을 때
나는 무심히 흘려보냈지요

나는 발걸음을 멈추고
천천히 되돌아봅니다

당신이 우산이고 그늘이고 울타리였을 때

우물의 깊이는
허리쯤 잠겼을 때 보이나 봅니다

이제 나는 우산이고 그늘이고 울타리고

나는 자꾸 뒤척입니다
당신의 우물은 순환의 고리였군요

구절초

달빛 고운 영평사 뜨락에
달을 품은 구절초들이 빛나고 있습니다

산사의 저녁은 고요한데
하얀 꽃 온 무리가
산사의 밤을 축제로 만들었습니다

한 잎 찻잔에 띄우고
가을 달빛 한 줄기 넣어 마시면
가을이 몸 안으로 들어옵니다

아홉 번 마디마디 상처 견디고
환하게 꽃 피운 구절초(九節草)
그래서 향기 더욱 그윽합니다

구절초 향기에 세상 냄새 섞어 보고
구절초 흔들림에 세상 소리 얹어 보고

달빛 고운 가을 밤
구절초들이 세상을 하얗게 뒤덮고 있습니다

그 섬에 가면

청색 심장을
붉은 심장으로 되찾을 수 있지

피가 돌지 않을 만큼
지쳤다면

좀 먼 곳
아주 멀지는 않은 곳

빛의 세기에 따라
시선(視線)이 빨려들어가고

달콤한 바람결에
천의 얼굴이 물결치고

거북바위가 요술동굴이
노을 품은 석화굴이

하늘 아래 이어져

파고드는 사랑스런 표정들

전설이 그대를 부르고 있는 섬
홍도(紅島)

할머니, 감을 먹다

꼭지 마른 감을 쪼개어
되새김질하고 있는 할머니
오물거리는 입에서 슬슬 빠져나오는 입김
11월 저녁
아직도 자판을 걷지 못하고
종이상자 펼쳐 놓은 바닥에 앉아 오물거리고 있다

추위에 떨던 야채들은 잔득 오그라들었다
할머니 입과 손처럼
무겁게 내려앉은 저녁
자리를 바꿔 주어도 이미 생기 잃은 야채들은
도무지 일어설 줄 몰랐다
내일이 오지 않을 것처럼

감은
처음에는 하얀 구름이었을 것이다
다시 피어나고 싶었으나 점점 살얼음이 되어 버린 구름
마지막 구름을 녹이고 싶어
허연 입김을 쏟아내고 있는, 할머니

물컹거리는 살 속에 감색 돌던 시간을 게워 내고 있는
감의 상처는 젊은 날의 발자국일지도 모른다

할머니 머리카락이 가로등 밑에서
흰 눈물처럼
쏟아지며
굽은 허리를 재촉하고 있었다

비밀의 열쇠

간단한 수학공식처럼
정해진 답이 있다면
산다는 것이 이렇다면 어떨까 몰라

우울은 0으로 곱하고
슬픔은 뺄셈으로
사랑은 곱셈으로
행복은 무한대로
이렇듯 간단하다면 어떨까 몰라

뇌의 신경이 이토록 복잡한 것은
답을 찾기 위해 수 없이
미로를 해매였기 때문인지 몰라

동전의 양면만 생각하다가
툭 - 옆면이 튀어나오는 세상에서

비밀의 열쇠는
공식을 아예 모르는 그런 사람 아닐까 몰라

제4부

초록 숲으로
깊게 들어갈 수 있을까

사이코드라마

내 빗장을 열어 놓을게

너는
나의 옷을 입고
나처럼 말하고
나처럼 행동해 봐

나는
그런 너를
거울 보듯 살펴볼게

너무도 낯선 내 안의 나

치댈수록 물러지는 복숭아처럼
지우려다 더 번져 버린 얼룩처럼

거울과의 길고 긴 대화를 시작해야지

되돌리고 싶은 행동을 세어 본다면

수백 개일까
수천 개일까

얼마만큼이면
낯선 내가
낯익게 될 수 있을까

몇 번쯤 되돌리면
초록 숲으로
깊게 들어갈 수 있을까

물방울

네가 첫 걸음마를 떼려 할 때
왜 그리 모서리들은 많던지
상처가 아물기도 전에
또 다른 상처가 널 덮쳤지
눈물 나도록 아파한 후 너는 당당히 걸었어

상처는 안과 밖에서 줄기차게
툭, 물방울이 사방에 퍼져 나가듯
너에게 붙어 가고 있어

세상의 첫 걸음마를 떼려 할 때
수많은 모서리들이 널 위협해도
첫 걸음마를 떼었던 그때처럼
두려워하지 마
그 물방울이 살아가야 할 이유일지도 모르니

물방울 같은 상처가 너에게 튕겨올 때
씩, 한 번 웃고
툴 툴 털어 버리길
네가 바로 견뎌냈던 그 모서리들이거든

와수베가스

와수베가스* 로터리 부근에는 없는 게 없다
카페 피자 치킨집 중국집 PC방 고깃집 노래방
만남과 이별이 교차하는 터미널
국방색 얼룩무늬 군인들이
여름 플라타너스 이파리처럼 풍성한 곳
전방 군인들의 라스베가스 철원 와수리

여드름 송송거리는 꽃다운 청춘들이
자신의 꽃잎들을 그곳에 휘날리고 있다
아픈 역사를 간직한 그곳에서
아직도 되풀이되고 있는 그곳에서
꽃다운 청춘들이 떼지어 그곳을 물들이고 있다

* 라스베가스처럼 강원도 철원 군인들의 낙원이라 와수리를 와수베가스라 말하기도 함.

동백꽃

동백꽃처럼
나는, 온전히 피어 있고 싶습니다

내 몸 어딘가에 꽃잎을 떼어내지 마세요
젖은 눈으로
사랑하는 이를 보고 싶지는 않으니까요

온 우주의 기운을 받아
나무 위에 활짝 꽃 피어 있을 때
그 순간을 액자 속 풍경으로 보아 주면 돼요

나는 꽃잎 날개를 펼치고
나비처럼 날아갈 겁니다
뒤돌아보지는 않을 거예요

보고 싶은 이들이 있는 곳에서
더 태울 수 없는 하얀 재가 되었다고
오랜 안부를 물으며 말할 겁니다

동백꽃처럼
나는, 온전히 떨어지고 싶습니다

낙서

낙서하기 좋은 날
하늘을 본다

하늘도 낙서를 하고 싶은지
여럿 구름 그려 놓고
짙은 구름은
후 - 두 - 둑 떨어뜨려 놓다가
바람 한 줌 일렁이게 하다가
천둥 번개도 만들다가
밤하늘에 별꽃을 피우다가

흐 - 큰 - 디

어제의 구름이 오늘의 구름이 아니듯
모든 것이 흘러 변한다 해도
항상 그 자리를 지키는
별 - 하나
하늘에 그려 넣고 싶다

오십 년

지나온 오십 년은 저녁잠처럼 길었어요

앞으로 오십 년은 당신을 향해 있을게요
당신의 바다를 생각하고
당신의 햇살을 기뻐하고
당신의 노을을 보다가

당신이 내게 보내 주는
그 신비로움을 볼게요
꽃과 별과 물결과 바람과
창가에 비치는 신호들을

나는 당신께
자주 투정을 부릴지 모르겠어요
늘 무엇을 달라고 조르겠죠
마치 한 살 아이처럼

당신은 내게
오월에는 장미를 가을에는 국화를

어느 날에는 빗물을 보내 주시겠죠
마지막에는 당신의 날개를

앞으로 오십 년은 낮잠처럼 짧을 거예요

시인의 남편

나보다 먼저
시상을 줍는 사람
시인의 언어를 가지라고
시인의 눈으로 보라고

재능은 늘 구름처럼 떠다니고
잡히지 않는 바람 같이 흘러
애꿎은 하늘만 바라보는 나에게

이제 그만, 속끓이고
애인 같은 시하고
이별하라 말하는 사람

구름이 모이면 비를 뿌리고
안개가 걷히면 맑은 하늘이 보이는데
시는 구름처럼 안개처럼 내게 다가오고

구름 몇 점, 안개 몇 다발, 활자로 버무려
앨범처럼 꺼내 보고픈 나에게
시는 화창한 얼굴을 언제쯤 보여 주려는지
남편 보기 미안한 오늘

화수분

퍼내어도 또 퍼내어도

마르지 않는 그런 사랑

처음과 마지막이

다르지 않는 그런 사랑

아래에서 위로

물꼬를 돌리려 할 때

이미 구름 되어 잡을 수 없는

화수분 같은 그런

어버이 사랑

자녀를 위한 기도

닥쳐 오는 미래에 대해
수시로 밀려오는 불안을
떨쳐 버리게 하소서

강해질 수 있다는 스스로에 대한 믿음과
담대함을 지닐 수 있는 용기와
세상을 볼 수 있는 지혜를 주소서

소용돌이 속에서도 길은 있고
안개가 사라진 뒤에는 맑은 하늘이 있음을
아픔 바로 뒤에 웃음의 얼굴이 있음을

나약함이 온몸을 넝쿨째 감아 버릴 때
스스로 가지를 자르고 나올 수 있는
휘어지지 않는 판단력을 주소서

때로는 비바람이 왜 부는지 알지 못합니다
하지만 그 자리에서 다시 일어나
세상 안으로 걸어가게 하소서

빛나는 별의 수만큼 기도 드립니다
스스로 행복의 문을 열고 들어갈 수 있기를

명상

생각의 첫 줄기

그 고향은 어디일까

줄기 끝으로 향해 본다

잔털들이 무수히 뻗어 있는 뿌리 속

중심을 향한 여행을 시작한다

흔들림의 근원은 그 잔털들

생각의 중심을 찾기 위해

툭 - 툭 그 잔털을

생각에서 지워나간다

텅 빈

명상을 끝낸 줄기에

다시 찾아온 봄

새순이 돋고 있다

번개 치다

내내 서성인다고 해결되는 것은 아무것도 없다

한 달 넘는 여정의 유럽 배낭여행
스스로 찾아가야 하는 아들의 긴 여행코스를 보며
수많은 단어들이 머릿속에서 들락날락 빙빙 돌고
나는 어지러운 놀이기구를 타는 것처럼 맥박이 빨라진다

공항 체크인 후 고장난 아들의 핸드폰

부모님도 여러 번 심장이 뛰었겠다
부모는 걱정을 장신구처럼 달고 사는 것이구나
그 위치에 있어야 알게 되는 순환의 고리
지구촌 모든 소식이 다 걱정거리이니

쓸데없는 걱정한다고 투덜거렸던 그 순간들
피뢰침도 없는 가슴에 번개가 친다

녹두껍질

녹두껍질을 벗기려 물에 불린다
물에 퉁퉁 불어서야 겉껍질을 내 놓는 녹두
마지막 하나까지 벗기는 나는
미꾸라지처럼 흔들거리는 녹두의 저항에
몇은 싱크대로 흘려보내고
마침내 아이들 웃음 같은 녹두의 맨살을 본다
여린 꽃잎 같은 녹두의 속살
녹두에게 물은 새로운 세계로 향하는
또 다른 門이니

엉킨 뿌리 같은 생각을 물에 불린다
난해한 기호 같은 뿌리의 저항
생각은 겉껍질은 쉽게 내놓지 않는다
호두 껍질의 두께를 기저
솜처럼 틈을 주지 않는
생각 한 줌
새로운 뿌리가 뻗어나게 물을 붓는다
생각에게 물은 새로운 세계로 스미게 하는
門의 손잡이

봉숭아 꽃물

수국처럼 주름이 활짝 피어 있는
할머니 둘이서
서로의 손톱에 봉숭아 꽃물을 들이는 저녁

시집가는 것같이 설렌다며
비닐로 싸인 손톱을 내민다
저승길이 환해질 거라며 웃는 할머니

꽃잎이 손톱 위에 쌓여 내는 빛

적막한 저승길이 꽃등〔花燈〕으로 훤해지기를
홀로 무섭지 않게
홀로 외롭지 않게

지나온 비탈길을 꼭꼭 동여매듯
할머니 둘이서
서로의 손톱에 봉숭아 꽃물을 들이고 있다

보름달에게

오늘은 마음껏 빌어 봐야지
super moon이라고 하니까
소원을 더 크게 부풀려 봐야지

많은 이들이 너에게 말하잖아
그들도 알고 있을 거야
소원을 비는 것은 나의 다짐이라는 것을

난 너에게 배울 거야
네가 갖고 있는 무지개 같은 지혜를
넌 알고 있잖아

어느 날은 투명하게
어느 날은 반쯤 기려서
어느 날은 그믐처럼 뒤로 물러나서

난 네가 보내 주는 메시지를
정성껏 읽어 볼게
보름달이 되면 내 소식 담아 편지도 쓸게

손수레

손수레를 잡은
등 굽은 할머니
고목나무에 기대어
신호등을 바라본다

아무것도 모르는 가을비
눈동자 속에 가득 차
젖은 종이 상자 위로
뚜 - 뚝 떨어진다

건널목 칸마다
몰래 숨어
불쑥 고개 드는
고난의 빗금들

파란불이 켜지면
그래도 가야 하는 길

무거운 빗방울

훌훌 털고
소용돌이 속에 가득 찬
푸른 빛 찾아
할머니 손수레를 끈다

통영에 가면

바다에 가서
두런두런 말 걸고 싶을 때면
돌처럼 뭉쳐 있던 실타래를
모래에 풀고 싶을 때면
도다리쑥국을 먹어 보자

한껏, 물이 오른 야들한 도다리
그 부드러운 감촉의 하얀 살과
매서운 바닷바람 이기고
언 땅 뚫고 나온 연한 쑥이
허한 마음을 살살 녹인다

햇살이 바다 위에
고요히 내려앉아 머물 때면
그 반짝임으로 슬픔을 먹도록
불평이 머리를 갉아먹을 때면
모래 속에 묻어 흩어지게 하자

국 한 그릇에는

쑥 향기 넘실대고
바다 향기 출렁이고
새로운 계절의 노랫소리
맛있게 들린다

둥근 집

이제 두 사람은
함께 집 지으려 하네
그 질겼던 시간들을 꺼내어
사진첩에 넣고 보네

예고 없는 모래폭풍이 지나간 자리
그 고요함 때문에 두려웠던 순간
신기루에 가려진 길을 찾다가
얻은 조각난 생채기들

과거의 긴 시간이
모래 속에 흩어지고
그들의 눈동자는
더 이상 흔들리지 않네

아, 이제 두 사람은
태양을 품은 둥근 집 속에서
시련으로 만든 방패를
갖게 되었다네

그들의 보호막이 될
어느 것에도 뚫리지 않는 방패를

바다

파도가 제 몸을 부딪치며
쉬지 않고 포말을 만드는 건
낱낱이 쪼개어진 아픔을
터트리고 있기 때문이리라

바다 속에서
몸 밖으로 한 올 한 올
제 살을 내미는 건
끊임없이 휘몰아치는 마음 때문이리라

쏟아진 파편들이
우르르 몰려와
눈부신 빛 방울을 만드는 건
수정(水晶) 같은 눈물 때문이리라

막을 길 없이 쏘아대는 폭풍이
한낮의 불타는 태양이
고스란히 남긴 흉터를
모두 다 품고 가는 바다

바다가 살 수 있는 건
그 흔들림 때문이리라

마라도

축축한 비린 향기가 좋아
빗물 받아먹고 산다는 이 섬엔
바다 바람에 닳아진 풀잎이 나부끼고
누렁이 몇 마리 졸고
흰 갈매기 난다

시작과 끝이 함께하는 이곳엔
바다 끝자락이 하늘과 만나고
끊임없이 투정하는 바다를
큰 가슴으로 품으려는 하늘은
살가운 연인 같다

끝이려니 하면 시작이고
시작인 듯하면 끝처럼 보이는
저 바다 물결에
출발을 꿈꾸는 나는,
작은 섬처럼 남아 있다

바람재*에 가면

바람이 불다가 딱 멈추고
차 한 잔 하고 싶은 곳에
자그만 찻집에 있다

소란하지도 화려하지도 않은
시계도 잠시 태엽을 풀어
완행의 시간을 보낼 수 있는 곳

누구나 반겨줄 구름과
단짝 같은 하늘이
바람에 귀 기울여 주는 곳

모래처럼 흩어질까
손에 꼭 쥐고
펴지 못하는 날에
비움의 차를 마실 수 있는 곳

그곳에서
가슴 한 모퉁이 열고
해죽 웃고 있는 장승이 되었다

* 바람재:충남 연기군 금남면에 있다. 바람재 공원에는 해민정(고민을 없애 주는 정자)이라는 이름을 가진 정자가 있다.

화초

화분에 심어 놓은 화초가
헝클어진 가지를 길게
늘어뜨리고 있는 날

화분 가위를 들고
싹 - 뚝
가지치기를 한다

잘라내야 할 것이
어디 화초뿐이랴

차고 넘치는 물이
뿌리에 닿아
서서히 썩기 전

감정의 수위를 조절하고
적당한 때
떠나보내야 하는 것을

부엉이의 눈으로
바라보아야 할
창밖 세상

전민동 주보
—1천 호 발간을 맞이하여

풋풋한 첫 번째 발걸음이
풍성한 천 번째 발걸음으로

한 주마다 새롭게
한 주마다 반갑게

받아보는 전민동 주보
1,000호를 축복합니다

사랑이 담긴
고요한 주님의 말씀을 보고

보시니 참 좋은
사랑방 소식을 보고

더 나은 세상이 되도록
"예"라고 부름에 답하도록

한 글자씩 귀한 말씀 담아

한 주일을 여는 꽃이여!

내밀어 주는 손잡고
환한 세상 안으로 들어갑니다

나의 기도

주님! 당신의 은총으로
오늘 깨끗한 몸으로 새롭게 태어납니다

어린아이와 같은 마음으로 당신을 보고
어린아이와 같은 마음으로 당신을 따르며

오늘의 기쁨을 기억하여
나이 들수록 신앙을 더 깊고 넓고 높게
가꾸어 나아갈 수 있도록 도와 주소서

당신의 자녀가 된 오늘
십자가의 길을 따라 걸으며 함께 지고
제 십자가를 주님 앞에 놓겠습니다

세상 밖을 향할 때
사랑의 목소리로 불러 주시고
자주 실망하실지라도 자비를 베풀어 주소서

세상의 늪에 빠졌을 때

늪에 빠진 이유를 알게 하시고
늪에서 나올 수 있도록 손을 잡아 주소서

독을 지닌 꽃들을 피하게 하시고
불평 속에 자라고 있는 독을 보게 하시고
수많은 실패 안에 열매의 씨앗이 있음을 알게 하소서

제 잣대로 사람을 평가하지 않게 하시고
당신의 가르침을 실천하게 하시고
주님 안에서 굳건히 서 있게 하소서

감히 청하오니
당신의 축복 안에서 참사람으로 살아가게 하소서

| 해설 |

조용히 소리 내어 읽고 싶은 시

조용히 소리 내어 읽고 싶은 시
—성강숙 시를 읽고

최원규
(시인·충남대 명예교수)

시인 성강숙의 시편들을 읽으면서 그의 시가 시를 읽는 사람에게 어떤 감동과 느낌을 주는가 하는 점에 대하여 생각해 본다. 시작품만 아니라 일반생활 주변에서도 무엇을 대상으로 시적 감흥을 일으켰는가 어느 정도의 차이는 있겠지만 감상(鑑賞)의 과정을 통해서 시적인 대상의 아름다움을 추구하거나 창조하려고 했는가 또한 아름다움의 느낌 속에 깊이 함몰됨으로써 얻어지는 어떤 결과물이 되었는가 요컨대 시창작을 통하여 얻어지는 감상을 형수하며 인간 본연에 접근할 수 있고 순수한 인간성에 회귀할 수 있는지를 살피려 한다.

오늘날과 같은 물신주의 내지 기계화된 각박한 환경 속에서 시가 점점 소외되는 요즘, 이번 시집은 가뭄에 단비 같다.

시인 성강숙은 삶을 깊이 꿰뚫어보는 사고의 힘이 투철함을 보여 준다. 시가 지닌 본질은 무엇이든 직감의 표현으로서 현상의 표면이나 대상을 설명하고 그 본래의 뜻을 이해하려고 고뇌를 되풀이했고 마침내 가장 깊은 곳에 그의 손이 이르러 나타내려 하는 시적 의지가 엿보인다

성강숙 시인은 이러한 본질적 시의 표현에 능숙하다. 한편 시의 사장들이 자연스럽게 흘러넘치듯 하고 단순하고 감각적이며 정열적인 표현을 하고 있다.

하나의 숲 속
풀잎에 조용히 내려앉은
첫 이슬을 받아내어
들꽃향기 가득한 허브차를 그대에게 드릴게요

그대가 흐릴 때
사슴의 눈망울 같은 맑은 '레'를 넣고
그대가 어둠에 앉아 있을 때
푸른 햇살 같은 희망 '솔'을 듬뿍 넣고
그대의 얼굴에 짙은 구름이 드리울 때
웃음의 해독세를 풀이 한 움큼 '라'를 넣고
날마다 그대의 행복을 찾아 서로 다른 음계를 넣을게요

숲 속 향기 가득한

허브차 한 모금에
갈라진 그대 입술이 젖어들고
찡그린 그대 눈에 웃음이 머물도록

날마다
첫 이슬을 받아내어
들꽃향기 가득한 허브차를 그대에게 드릴게요

—「프러포즈」 전문

이 작품은 감정이나 감각 직관이 중요한 바탕을 이루고 있다. 시의 중요한 성질을 이루고 있는 운율을 메타포와 함께 시의 주요한 스탄자를 형성한다.

시에서 운율과 은유는 공존하는 것이며 산문과 구분되는 본질적 차이를 보여 준다. 또한 이 작품은 대화체의 운율로서 감정을 질서화하고 고백의 감정은 잔잔한 리듬의 반복 속에서 정화되어 기쁨을 준다.

이 작품에서 음악적 효과를 나타내기 위한 욕망으로서 사용한 시어 선택이 절실하다. 시의 음악적인 흐름을 율격에 맞춘 박자는 시인과 독자 또는 고백을 이루는 대상자의 상호작용에서 이뤄진다. 이러한 요소는 시의 운율적인 맥박을 나타내는데 주요한 역할을 할 수 있다. '프러포즈'는 연가에서만 국한한 것이 아니라 이 세상 아무 곳에나 어떠한 경우도 상생과 공존이란 첫 발자국부터 부드럽게 대상을 존중하며 노래하듯 평화롭게 노크를 해야 하는 필요 요건을 성강숙 시인은 노래하고 있다. 읽고 싶은 시 다시 또 읽히는 시로 기대된다. 엘리옷이 말한 대로 시의 특수성으로 표현에서 모호성을 들 수 있다. 사실 언어는 사상 감정을 표현하는 데 있어서 애매하고 부족하여 인간의 심층을 만족하게 표현할 수 없다. 더욱 시인의 고도한 상상력을 언어가 미치지 못하기 때문이다. 그러므로 그 표현이 불명료하게 된다. 그러나 의미의 불명료는 그 시가 보통의 언어로 표현할 수 있는 이하(以下)가 아니라 이상(以上)의 의미를 내포하고 있기 때문이다.

시인 성강숙은 대단히 민감한 비유를 찾아 '이상의 의미'를 찾는 데 민첩했다. 시가 갖는 특질 가운데서 이밖에도 암시성 등에서도 표출된다. 다음 작품을 보자.

둥그런 단추는 지구 같다
내가 먹고 있는 알약도 둥글둥글한 지구 같다
모나지 않아서
쉽게 채울 수도 풀 수도 먹을 수도 있는
둥그런 지구 같은 것들

원심력을 버티지 못해 벗어나
커져 버린 단추 구멍
채울수록 넓어져 가는 구멍 속을 바라보다
첫 기억의 끈을 바늘귀에 끼어 넣는다

대기권 밖으로 떠다니는 기억을 주워담고
늘어난 단추 구멍을 촘촘히 박는다

둥글어 간다는 것은
원 안으로 넣어 달라는 정갈한 의식
둥근 세상에 대해 단추처럼 생각해 본다
빙빙 돌고 있는 지구를 향해
같은 동심원으로 걸어가야 하는 세상
고개를 들고 단추를 채운다

—「단추를 채우다」 전문

이 작품은 시의 의미를 더 깊고 넓게 해 주고 의미의 전달도 더 효과적으로 해 준다. '단추'라는 하찮은 물건이라도 설명적이며 직접 전달하고자 하는 내용을 바로 표현한다면 작품 자체가 단조롭고 평면적이 되어 감상자의 상상적 심오성을 잃게 될 우려가 있기 때문이다.

시인 성강숙은 표현하려는 상념을 암시하는 사물을 들어서 빗대어 표현하는 방법을 찾아낸다. 여기서 '원심력'을 버티지 못해 벗어나 커져 버린 단추 구멍 '원 안으로 넣어 달라는 정갈한 의식' 등은 감상자에 따라 깊은 암시성을 느끼게 하였으며 '채울수록 넓어져 가는 구멍 속을 바라보다'의 표현에서 오늘날 현실적 사회의 거대한 욕망의 인간사회를 하나의 단추나 구멍으로 암시하며 조명하는 것이라 볼 수 있다.

그러므로 화자는 감정과 사유를 직접 사실대로 말하지 않고 영상과 시어의 특유한 소리의 리듬에 의하여 깊은 마음의 내부에 있는 시정신을 암시함으로서 현실이 아닌 새로운 세계를 형상화하고 있다. 시인 성강숙은 시어를 선택함에 대상을 '직접 지시하는 부호가 아닌 은유를 통해서 다른 상황과의 유추'에 의해 암시하려 한다.

시창작에 있어서 주요한 요체는 산문과의 차별성이다. 다시 말하면 간결성이나 함축성의 문제이다. 그러므로 최대한의 언어절약이 특징이다. 짧은 구절 속에 크고 긴 의미를 함축하는 것이 중요하다. 그런데 여기에 문제가 되는 표현을 지적한 대로 음악적 리듬으로 극복해 갔다. 그러한 성강숙 특유의 내재율을 정립하는 데 많은 내공을 쌓아 읽는 이로 하여금 그의 호흡과 자연스럽게 동화되는 듯하였다.

시인 내면의 표출은 소리의 짜임새에서 이뤄진다. 운율이란 시에 표현되는 언어의 배열 양식이라고 볼 수 있다. 곧 그것은 표면적인 정형성이나 반복성보다 내면적 유기적 질서와 관계를 독자적으로 이뤄낸다. 이와 같은 능력이 성강숙 시인에게서 발견된다. 다음의 작품을 보자.

혀를 내민다

레몬 같은

첫눈 한 방울

혀끝에 맴도는

샘……

덕수궁

세 번째 돌담

오래 전 새겨 놓은

당신의 눈

—「첫눈의 맛」 전문

이 작품에서 보여 주고 있는 것은 시인의 삶의 과정에서 '눈'에 대한 영상이다. 그의 삶에서 아름다운 체험의 발로라고 보아진다. '눈'은 동음이의어에 의한 펀으로 아이러니컬한 표현을 하고 있다. 첫눈이 내리는 그 맛 그리고 덕수궁 돌담에 새겨 놓은 당신의 눈이라는 맛과 형상의 대비를 잘 구성하였다. 첫눈이 제시하는 시의 특징은 언어에 의한 회화적 표상인데 더욱 시적 이미지 속에 흐르는 화자의 정서를 감각적으로 나타낸다. 그러므로 시에서 나타내는 독자적 영상은 이미지에 의해서 재현된다. '눈'을 보고 첫눈이 내릴 때의 설렘이나 첫 만남과 만난 사람의 눈을 바라보며 느꼈던 화자의 마음속에 있었던 느낌이 그대로 한 폭의 이미지로 나타난다. '여기서 첫눈 한 방울 / 혀끝에 맴도는/ 샘……/ 덕수궁 세 번째 돌담/ 오래 전 새겨 놓은 당신의 눈'과 결합하여 이미지로 서로 모순되거나 이질적 정서나 관념이 텐션으로 시적 미학구조를 완성한다.

요컨대 성강숙 시인은 언어의 음악성과 회화성을 조화롭게 구사하고 있으며 그러한 이미지 속에 자기 자성의 내적 정서를 마음속에 뒷받침하고 있다.

「눈물」이란 작품을 보자.

눈물로 슬픔을 절인다
상처는 덧나지 않게 절이고

눈물의 농도는
흐를수록 옅어질 테니

눈물이 희석되면
선명하게 볼 수 있을 테니

그 눈물 때문에
썩지 않고 살 수 있을 테니

연륜이 돋보이는 화자의 넉넉함이 깃든 작품이다. 시를 읽고 한 번 더 읽어지고 공감했을 때 시읽기의 기쁨은 배가 된다. 아파하고 고뇌하는 삶은 누구에게나 다가오는 삶의 양식이다. 요는 시를 읽고 그 작품과 친근할 수 있느냐의 문제는 읽는 사람에게 어떤 효용가치를 주는가에 달렸다. 마침내 시는 언어에서 출발하여 언어로 끝나는 것이지만 사람은 사람끼리 통하는 무한한 정서와 감각을 갖게 된다. '눈물'이라는 말은 인간 누구에게나 갖고 있지 않을 수 없다. 그 자체 이해와 해석에 따라 인간의 가치가 달라진다.

모든 인식과 지각 대상이 언어로서 상징화되기도 하며 상징화 된 의미를 감각하게 된다. 눈물은 짜다. 짠 것은 모든 사물을 썩지 않게 보존하는 원천적 힘을 갖는다라는 상식적 평이한 이치를 주고 있지만 모두에게 효용적 위안과 오히려 슬픔이 주는 기쁨의 원천을 말해 준다. 그러므로 시인이 시를 만들어 놓았을 때 그 시를 구성한 언어들과 언어의 연속에서 늘 새로운 의미를 발견하는 기쁨을 준다. 또 한 편을 보자.

네가 첫 걸음마를 떼려 할 때
왜 그리 모서리들은 많던지
상처가 아물기도 전에
또다른 상처가 널 덮쳤지
눈물 나도록 아파한 후 너는 당당히 걸었어

상처는 안과 밖에서 줄기차게
툭, 물방울이 사방에 퍼져 나가듯
너에게 붙어 가고 있어

세상의 첫 걸음마를 떼려 할 때
수많은 모서리들이 널 위협해도
첫 걸음마를 떼었던 그때처럼
두려워하지 마
그 물방울이 살아가야 할 이유일지도 모르니

물방울 같은 상처가 너에게 튕겨올 때
씩 한 번 웃고
툴 툴 털어 버리길
네가 바로 견뎌냈던 그 모서리들이거든

—「물방울」 전문

이 작품은 자녀를 키우는 어미니로서의 '너'에게 주는 위안이요 자애로서 던지는 말이다. 물방울 같은 상처가 너에게 튕겨올 때 씩 한 번 웃고 툴툴 털어 버리길 네가 바로 견뎌냈던 그 많은 모서리들이라는 흔히 할 수 있는 말이지만 삶을 지나면서 모든 사람들에게 부딪치는 '모서리들'을 얼마나 겪어야할지 또한 그것을 어떻게 극복할지 부모로서 꼭 해야 할 말이다.

시인 성강숙의 작품을 읽으며 여기에 언급한 시만이 뛰어나고 훌륭해서 고른 것이 아니다. 이밖의 작품도 더 읽고 싶은 작품이 많다.

사실 어느 의미에서 시를 읽기 전에 그 시인에 대하여 될 수 있으면 모르는 편이 좋다는 것을 생각해 왔다. 그러나 막상 그 시인을 잘 알고 있는 편이 오히려 평설이나 찬사를 더 깊게 말할 수 있다고 생각된다. 성강숙 시인은 심리학을 전공한 뒤 뜻한 바 있어 시창작 교실을 찾아 문학이론과 창작실기에 연찬을 거듭한 나머지 문단에 데뷔하고 칠 년이 지나서 비로소 첫 시집을 갖게 된다. 데뷔하자마자 흔히 시집부터 내려고 하는 이들에 견주어 신중하며 진실한 자아성찰과 철저한 문학수업을 거친 시학도 이기에 더욱 마음이 든든하다.

한편 이 시대의 턱없이 흘러넘치는 출판물들 특히 시집의 범람은 도를 넘고 있는 이때에 이렇게 차근하게 숙성된 작품을 들고 나와 자아성찰의 예술적 미학과 중년의 현실적 고뇌를 바탕으로 소박한 긍정과 감사의 시력을 우리 주위에 무한 투척한다는 것은 바람직하다.

시란 누가 썼거나 어느 상황에서 썼거나 작품 그 자체로서 결정되는 것이고 그 작가의 환경에 의해 좌우될 수 없는 것이라 할지라도 그 작가에 대해서 많이 알면 알수록 더 읽고 싶고 읽어서 더 심층에 들어 있는 아름다운 가치를 찾고 싶다.

시인 성강숙은 반듯하고 겸허하며 올바른 문학수업의 궤도를 서두르지 않고 한 계단씩 밟아 올라간 곧은 시인이다.

그의 인품도 생활감정을 승화시켜 시쓰기의 의지를 키워 나가는 원동력을 삼는다. 생활감정에서 제기되는 삶의 면모를 시로 형상화하는 데 느슨하지 않은 책임과 양심을 지닌 성강숙 시인의 문운을 빈다.

성강숙 시집_ 프러포즈

초판 인쇄 | 2016년 10월 20일
초판 발행 | 2016년 10월 25일

지 은 이 | 성강숙
발 행 인 | 문효치
편집국장 | 김밝은

펴낸곳 | 사단법인 한국문인협회 月刊文學 출판부
주소 | 서울시 양천구 목동서로 225 대한민국예술인센터 1017호
전화 | 02-744-8046~7
팩스 | 02-743-5174
이메일 | klwa95@hanmail.net
등록 | 2011년 3월 11일 제2011-000081호
ISBN 978-89-6138-338-7 03810

값 8,000원